DEUCALION

ET

PIRRHA,

OU

LA RENAISSANCE DE L'AMOUR.

DEUCALION

ET

PIRRHA,

OU

LA RENAISSANCE DE L'AMOUR;

COMÉDIE.

Repréſentée devant LEURS MAJESTÉS,
à Fontainebleau le Mardi 30 Octobre 1764.

DE L'IMPRIMERIE,
De CHRISTOPHE BALLARD, Seul Imprimeur du
Roi pour la Muſique, & Noteur de la Chapelle
de Sa Majeſté.

M. DCC. LXIV.
Par exprès Commandement de SA MAJESTÉ.

Les Paroles ſont de M. DE SAINTFOIX.

Les Ballets ſont de la compoſition de MM.
LAVAL, Pere & Fils, Maîtres des Ballets
de Sa Majeſté.

ACTEURS.

Deucalion,   Le Sieur Molé.

Pirrha,   La Dlle. Doligni.

L'Amour avec les Jeux & les Ris déguisez en personnages chantants & dansants.

PERSONNAGES DANSANTS.

Le Sieur Gardel. La Demoiſelle Guimard.

Les Demoiſelles Demiré, Rey, Petitot, Clairval.

Les Sieurs Lelievre, Dubois, Rogier, Leger.

PASTRES.

Le Sieur Lani, La Demoiſelle Lionnois.

Les Sieurs Beat, Cezeron.

Les Demoiſelles Buard, Godeau.

JE suis le premier & le seul qui ait fait des
Comédies à trois seuls Acteurs ; mais il
étoit encore d'une toute autre difficulté
d'en faire une où il n'y en auroit que deux ;
le succès devoit même m'en paroître pres-
qu'impossible, parce qu'une pareille Pièce
entraîne nécessairement des Monologues,
& que le Monologue réfroidit la Sçene. Ce-
pendant j'esperai que cet intérêt, ce nœud,
ce dénouement qui se trouvent précise-
ment & uniquement réduits & renfermés
entre *Deucalion & Pirrha,* paroîtroient assez
heureusement imaginés & pourroient atta-
cher le Spectateur ; & j'ai vû par les applau-
dissemens que je ne m'étois point trompé.

D'ailleurs on a dit que cette Pièce étoit
denuée de portraits ; qu'ils font essentiels
dans une Comédie, parce que son objet
doit être de corriger les mœurs & les ridi-
cules ; que le feu Roi recommandoit sans

cesse des portraits à Moliere, & que cette
critique & cette peinture si vive & si forte
de la Cour & des Courtisans dans *l'Im-
promptu & les Fêtes de Versailles*, en sont
une preuve. Ma réponse est qu'il y a & qu'il y
a toujours eu différens genres de Comédie.

DEUCALION

ET

PIRRHA,

COMÉDIE.

Le Théâtre repréſente une Forêt. DEUCALION eſt endormi au pied d'une Statue dont la figure & les traits ne laiſſent point diſtinguer ſi elle eſt d'un homme ou d'une femme.

SCENE PREMIERE.

DEUCALION, *s'éveillant.*

QU'AI-JE entendu! Quel ſonge!... Aſtrée... La divine Aſtrée... Elle vient de m'apparoître, & j'aperçois encore dans les airs la trace brillante du nüage qui la dérobe à ma vûe:... » Une fille,

A

>> m'a-t-elle dit, qui comme toi s'ennuye d'être feule,
>> va venir te trouver , & vous apprendrez l'un &
>> l'autre dans ce jour la volonté des Immortels....>>
Dieux tout-puiffans, c'eft un ami que je vous ai
demandé! un ami avec qui , lié par la fimpathie
& la vertu, la reffemblance d'humeur & de carac-
tere , je puiffe m'entretenir en contemplant les mer-
veilles que votre main inépuifable répand fans ceffe
dans la nature ..... Une fille dans ces lieux ! je
croyois que toute la race humaine étoit enfeve-
lie fous les eaux, & que la colere célefte n'avoit
épargné que moi. Il refteroit des femmes fur la
terre ! Ah ! les Dieux ne m'enverroient fans doute
celle-ci que pour m'éprouver... Mais peut-être
eft-ce une illufion, un vain fonge ?.. Je regarde...
O ciel, elle vient! je l'apperçois à travers ces ar-
bres. Allons, rapellons-nous la fauffeté , les ca-
prices, les féductions, la tirannie de ce fexe perfide , tous les égaremens où il entrainoit l'homme ,
fon malheureux Efclave & dont enfin il a caufé
la perte. Armons-nous de toute la haine.... Hélas,
un regard, un feul regard, & peut-être que dans
l'inftant ce même objet contre lequel je cherche à
m'irriter par mes réflections, embelli par mes dé-
firs , deviendra l'idole de mon cœur... elle apro-
che... ne nous expofons point au danger de la
regarder ; détournons la tête ; fermons les yeux,
& reftons avec elle, le moins de tems qu'il fera
poffible.

SCENE SECONDE.

DEUCALION, PIRRHA.

PIRRHA *au fond du Theâtre.*

VOILA véritablement un homme, & s'il s'apelle Deucalion, je ne puis plus douter que ce ne foit une voix célefte qui cette nuit m'a commandé de venir dans ces lieux. Il en refte donc encore un fur la terre! ah! ne le regardons point. (*S'approchant.*) Je cherche Deucalion.

DEUCALION.

Le voici.

PIRRHA *d'un ton méprifant.*

Je ne vous chercherois pas, fi les Dieux ne me l'avoient ordonné.

DEUCALION.

Et moi certainement je ne vous attendrois pas, s'ils ne me l'avoient prefcrit.

PIRRHA.

Vous leur avez donc repréfenté que vous ne pouviez plus fupporter l'ennui d'etre feul?

A ij

DEUCALION.

Vous les avez donc priés de vous accorder quelqu'un pour vivre avec vous?

PIRRHA.

Je ne ſçai quelles ſont vos idées?

DEUCALION.

J'ignore les vôtres.

PIRRHA.

Mais je ſuis fort inquiéte.

DEUCALION.

Et moi fort embaraſſé.

PIRRHA.

Vous flateriez-vous que je vouluſſe demeurer ici?

DEUCALION.

Vous imagineriez-vous que ſi vous y demeuriez, j'y reſterois?

PIRRHA.

Vous vous tromperiez beaucoup.

DEUCALION.

Vous ſeriez bien dans l'erreur.

PIRRHA.

Un homme !

DEUCALION.

Une femme !

PIRRHA.

C'eſt une Compagne que j'ai demandée aux Dieux.

DEUCALION.

Et moi un Ami.

PIRRHA.

Et dès qu'ils me l'auront accordée, nos adieux feront bien-tôt faits : voila ma moitié de l'Univers où je vivrai à ma fantaiſie, & voici la vôtre où je ne me ſouviendrai qu'il habite un homme que pour n'y pas revenir.

DEUCALION.

Je compte ſur votre mémoire.

PIRRHA *vivement.*

Ah ! comptez encore plus ſur ma raiſon & ſur toute l'indignation que doit m'inſpirer un ſexe in-conſtant, perfide, imperieux, bizarre, qui ſans ceſſe guidé par l'orgueil, deçû par l'amour pro-pre, dupe de la flaterie, eſclave de l'oſtentation, de la mode & de mille faux préjugés, vient enfin de s'attirer & d'attirer ſur le mien, ce châtiment univeifel que la juftice des Dieux ne pouvoit plus retarder.

DEUCALION *froidement.*

Malgré ce beau portrait, comme je le fuis feul homme qui refte fur la terre, je ne ieiois pas étonné qu'en deux jours, demain, aujourd'hui même, vous revinfliez ici...

PIRRHA *avec mépris.*

Vous rechercher?

DEUCALION.

J'ai vû tant de femmes déteſter les hommes, & cependaut les aimer; mais je vous déclare que cela feroit fort inutile, & que dès que je vous verrois approcher, je détournerois les yeux comme j'ai fait jufqu'à préfent.

PIRRHA.

Quoi, cet ennemi des femmes fe reconnoît fi foible qu'il n'ofe les regarder?

DEUCALION.

Si foible?

PIRRHA.

Je vous aurois cru une ame ferme, fure d'elle-même, inébranlable....

DEUCALION.

Vous raillez ? Je vois que cette espece de crainte & de méfiance que je vous marque, vous enor-
gueillit ?

PIRRHA.

Vous pouvez me faire rire, mais m'enorgueil-
lir, jamais.

DEUCALION.

De bonne foy vous imagineriez-vous que si je
levois les yeux sur vos divins appas, je tombe-
rois subitement transporté d'amour à vos genoux ?

PIRRHA.

Je n'imagine que ce qui peut me faire plaisir.

DEUCALION.

Il seroit aisé de vous donner celui de voir l'effet de vos charmes.

PIRRHA.

Non, non. La rencontre même est plaisante :
car je ne vous ai point aussi regardé : il étoit naturel que dans l'idée que vous aviez demandé une
épouse aux Dieux, & que j'allois être cette in-
fortunée, mon dépit me fît détourner les yeux
de dessus mon tyran.

(*Avec le ton de mépris le plus marqué.*)

Flattez-vous que c'est dans la crainte que votre
vue ne fit tout à coup trop d'impression sur mon
cœur, & n'asservit malgré moi ma liberté.

A iv

DEUCALION *du même ton de mépris.*

Et croyez-vous que vous afferviriez la mienne?
Daignez tourner la tête, la belle perfonne.., ...
(*Elle le regarde, il eft frappé à fa vue.*) Madame....,
(*à part*) jamais rien de fi beau ne s'eft offert à
mes yeux.... Deucalion, s'il te refte un inftant
de raifon, tâche de dérober ton cœur à la fur-
prife de tes fens.

(*Il fort.*)

SCENE TROISIEME.

PIRRHA *feule, le regardant s'éloigner.*

IL eft jeune & bien fait !.... Ce départ eft bruf-
que.... Qu'arrivera-t-il de tout ceci? je vais
fans doute l'apprendre ; car cette voix du Ciel
qui cette nuit m'a ordonné de venir dans ces lieux
où je rencontrerois un Mortel nommé Deucalion,
à ajouté que j'y trouverois une Statue au pied
de laquelle des caractères tracés de la main des
Dieux m'annonceroient leur volonté.... (*regardant la Statue.*) La voila fans doute, approchons...
Je n'y vois rien.... Ah! il femble qu'une main
invifible m'attendoit pour les y tracer.

(*Elle lit.*)

„ A l'inftant que Deucalion & Pirrha, d'un con-
„ fentement unanime, mettront une guirlande de
„ fleurs fur la tête de cette Statue, elle s'animera,
„ & malheur à l'un & à l'autre, s'ils ne vouloient
„ pas l'animer.

Cette Statue s'animera ? mais s'animera-t-elle pour moi ? fera-t-elle cette compagne que j'ai demandée aux Dieux ?...Oh! réflexion faite, je n'en veux plus : Deucalion eſt aimable : elle feroit trop expoſée avec lui, & s'il la trompoit, quels reproches n'aurois-je pas à me faire ?... Si je demande auſſi que ce ſoit un jeune homme, n'eſt-ce pas prendre avec ce nouveau Mortel une eſpece d'engagement de le rendre heureux ? Ne recevra-t-il la vie que pour vivre uniquement ? que pour voir ces Bois, ces Eaux, cette Verdure, ces Campagnes ? hélas, cela eſt bientôt vû ! Il voudroit être aimé, & certainement Deucalion... Oui... Deucalion en feroit jaloux ; ſa ſurpriſe, ſes regards, lorſque nos yeux ſe ſont rencontrés... Mais pourquoi ce trouble que j'ai moi même reſſenti ? Pouquoi cette foule d'idées qui viennent m'agiter ? Deucalion reſte ſeul ſur la terre ; j'y ſuis ſeule auſſi ; les Dieux nous raſſemblent ici ; il faut donc que la providence de l'Amour ait quelque deſſein ſur nous... Et m'y voilà d'abord toute réſignée, moi qui haïſſois tant les hommes il n'y a qu'un moment... D'un autre côté, pourquoi ce Mortel, ou cette Mortelle, que les Dieux ne font pas ſans doute naître ſi miraculeuſement, pour ne ſe trouver qu'en tiers avec deux Amans heureux ?... Tout ceci m'embarraſſe... je n'y comprens rien... je vois... oui, je vois que nous ne ſerons que trois ſur la terre, & qu'il y a toute apparence que deux ne pourront s'accorder... Deucalion revient... non, il retourne... il s'arrête... cette inquiétude ſeule ne découvre-t-elle pas l'état de ſon cœur... il approche enfin. Eſt-ce là ce mortel qui me parloit avec tant de dédain ? Qu'il a l'air timide, confus, humilié !

SCENE QUATRIEME.

PIRRHA, DEUCALION.

DEUCALION *à part.*

QU'ELLE eſt belle ! Et je voulois la fuir !

PIRRHA.

Il ſemble que vous ne faites que tourner autour de ces lieux.

DEUCALION.

Il eſt vrai que croyant m'en éloigner, j'y reviens ſans m'en appercevoir.

PIRRHA.

Toujours occupé de vos chagrins contre les femmes !

DEUCALION.

Ce ne ſont pas ceux qu'elles ont pu me cauſer qui m'occupent à préſent.

PIRRHA.

Vous ne devez pas, je penſe, en craindre à l'avenir.

DEUCALION.

Si votre cœur vouloit m'en être garand, je l'en croirois autant que les Dieux mêmes.

PIRRHA.

Je veux dire qu'il n'y a pas d'apparence que rien trouble deformais ces jours tranquilles que vous vous promettez avec l'Ami que vous leur avez demandé.

DEUCALION.

Je ne le leur demande plus.

PIRRHA.

Comment ! Quelle nouvelle idée ! Vous n'y penfez pas !

DEUCALION.

J'y penfe, & c'étoit en partie le fujet de mes réflexions.

PIRRHA.

Quoi, à l'inftant qu'ils vous l'accordent....

DEUCALION.

J'ai réflechi qu'il pourroit s'ennuyer avec moi &.... je ne le leur demande plus, vous dis-je.

PIRRHA.

Oh, ce n'eft pas là mon compte : j'ai mon intérêt à cet ami dont vous ne vous fouciez plus : regardez, & lifez ces caractéres qu'une main invifible vient de tracer au pied de cette Statue.

DEUCALION *avec émotion, après avoir lû.*

Eh bien, Madame ?

PIRRHA.

Eh bien, je reçois l'Amant qu'ils m'envoyent.

DEUCALION.

Eh, que deviendrai-je, moi ?

PIRRHA *d'un ton de raillerie.*

Notre ami.

DEUCALION.

Moi, l'ami de votre Amant !

PIRRHA.

Il faut une societé dans la vie : nous tâcherons de vous rendre la nôtre la plus agréable qu'il nous fera poſſible.

DEUCALION *avec menace.*

Mon conſentement eſt néceſſaire pour que cette Statue s'anime ....

PIRRHA.

Sans doute, & les Dieux l'auront ainſi voulu, pour que la reconnoiſſance nous attache à vous, comme l'Amour nous unira l'un à l'autre.

DEUCALION.

Ce feroit de ma main que vous recevriez un Amant !... Non, il ne verra jamais le jour.

PIRRHA.

Quel emportement! Je ne vous comprends pas; & pourquoi aviez vous donc demandé un ami?

DEUCALION *avec fureur.*

Eh, pourquoi aviez vous demandé une amie?

PIRRHA.

Les Dieux ont bien vû que je ne sçavois ce que je voulois : mais une ame raisonnable comme la vôtre devoit s'être décidée avant que de les importuner.

DEUCALION.

Vous insultez, cruelle, à mon desespoir : mais je ferai le vôtre, ce sera une fille.

PIRRHA.

Ce sera un jeune homme.

DEUCALION.

Je pense même qu'elle sera très-jolie.

PIRRHA *regardant la Statue.*

Je crois qu'il sera très-aimable.

DEUCALION *à part.*

Ciel! comme elle regarde cette Statue! de si beaux & de si tendres regards devroient seuls l'animer!

PIRRHA.

Le temps de la force & des loix injuftes de votre fexe, eft paffé; je ne vous cederai point.

DEUCALION.

J'aurai le plaifir de vous contrarier.

PIRRHA *d'un ton malin.*

Quelle injuftice! Vous nous euffiez été fi cher!

DEUCALION.

Moi cher à votre Amant! chaque mot déchire mon cœur! Ah finiffons, & puifque nous ne pouvons nous accorder, les Dieux nous jugeront.

PIRRHA.

Les Dieux?

DEUCALION *d'un ton ironique.*

Oui, vous leur repréfenterez les befoins de votre cœur, & tout ce que l'état de fille a de trifte & d'ennuyeux : de mon côté....

PIRRHA.

En vérité vous êtes bien méchant!

DEUCALION.

Nous aurons de belles chofes à dire de part & d'autre.

PIRRHA.

Ce trait eſt digne de votre ſexe ; j'en ſens toute
la raillerie. Non, Deucalion, je n'irai point ſoutenir
devant les Dieux une conteſtation qui bleſſeroit
cette modeſtie dont je dois me faire une loi ſevere ;
mais reconnoiſſez du moins que ſouvent les hommes, pour réuſſir dans leurs deſſeins, abuſent contre nous de nos vertus même. Je conſens que cette
Statue ſoit une fille. Puiſſiez vous, charmés l'un
de l'autre, dans une confiance mutuelle, une amitié
véritable & le deſir toujours preſſant de vous plaire,
goûter tout le bonheur de deux cœurs bien unis !
Je vais cueillir des fleurs, & préparer la guirlande ;
je ne vous ferai pas attendre longtemps.

Elle ſort.

SCENE CINQUIEME.

DEUCALION *ſeul.*

Dieux immortels ! je ne vous demandois qu'un
Ami ; vous m'envoyez un objet charmant que
vos prodigues mains ont embelli de toutes les graces
& de tout l'éclat que la jeuneſſe peut ajouter à la
beauté. N'ai-je pas dû penſer que le raviſſement de
mon cœur accompliſſoit un de vos décrets ! Etoit-
ce celui du malheur de ma vie !... Pirrha, cruelle
Pirrha, je ne ſuis point aimé ! Le voilà ce Rival
que vous me préferez ! Un Rival qui n'eſt point...
& qui ne ſera jamais !... Sexe aimable ! Sexe char-

mant ! Sexe adorable que j'ai voulu méprifer, vous êtes bien vengé ! cette Statue fera une fille, ai-je dit à l'ingrate ; je croyois que l'idée d'une rivale la piqueroit ; vaine menace ; vaine reffource d'une paffion qui cherche à fe flater : donne-t-on de la jaloufie qu'on n'ait infpiré de l'amour? Mais du moins, dans mon jufte dépit, je dois pour me venger... pour me venger ? Et de qui ? D'une femme, parce que je n'en fuis point aimé ? Pour jouir du barbare plaifir de la priver d'un époux qu'elle aimeroit, demanderai-je aux Dieux une époufe que je n'aimerai pas ? Non ; du moins elle me plaindra. Heureufe Statue, tes yeux vont donc s'ouvrir à la lumiere ! ton premier fentiment fera de l'amour ; ta bouche ne s'ouvrira que pour l'exprimer ; amant favorifé auffitôt qu'amoureux ; quel fort différent du mien !

SCENE SIXIEME.

DEUCALION, PIRRHA.

PIRRHA.

J'Aporte la guirlande ; cet inftant va combler vos vœux...

DEUCALION.

Il fera le dernier de ma vie !

PIRRHA.

PIRRHA.

Comment ! quel défefpoir ! & pourquoi?

DEUCALION.

Je brûle pour vous de l'ardeur la plus vive; oui, tantôt, dès que j'ai levé les yeux fur vous, tous vos traits fe font peints dans mon cœur ; une flamme fi prompte, & en même temps fi malheureufe, m'a d'abord femblé un de ces coups éclatans dont l'Amour fe fert pour humilier & punir tout mortel qui veut méprifer fon empire ; mais, plus je vous ai vue, plus je vous regarde, plus je fens qu'elle eft l'effet naturel de vos charmes ; je ne me repens point de m'y être expofé ; je ne fçaurois trop expier mes injuftices contre un fexe dont vous êtes ; venez, Madame, venez ; j'aurai du moins la trifte confolation d'avoir commencé votre bonheur.

PIRRHA.

Mais je voulois faire le vôtre : je confentois que cette Statue fût une fille.

DEUCALION.

Ah , le Ciel même me l'auroit envain deftinée ; envain il feroit renaître pour moi toutes ces jeunes beautés qui faifoient l'ornement de l'Univers : il n'en étoit qu'une feule pour mon cœur .... le marbre va s'animer pour vous ! Les Dieux devoient ce miracle à vos charmes, & fans doute qu'il rendront cet Amant digne de les poffeder par tous les agremens de l'efprit

B

& de la figure : mais pourront - ils lui donner un cœur qui vous adore comme le mien !

PIRRHA.

Quoi, lorfque j'ai paru vouloir vous donner un Rival : lorfqu'un jufte dépit devroit vous irriter contre moi : vous preferez mon bonheur au vôtre, & vous ne croyez pas qu'une Epoufe de la main même des Dieux, puiffe vous confoler ? ah, Deucalion ! je goûte dans cet inftant le plaifir inexprimable d'etre engagée par la reconnoiffance à fuivre tout le penchant de mon cœur.

DEUCALION.

Qu'entend - je, ô Ciel ! ce pourroit-il que ces lieux témoins de mon defefpoir, le feroient de ma félicité ! belle Pirrha, vous m'aimez !

PIRRHA.

Je n'ai voulu que vous éprouver.

DEUCALION *regardant la Statue.*

Vain objet qui nous a tant inquietés, tu n'auras enfin fervi qu'à faire mieux éclater tout l'amour qui va deformais nous unir. (*A Pirrha.*) Mais que deviendra-t-il ? Je vous laiffe maîtreffe de fon fort.

PIRRHA.

Cette Statue reftera Statue : elle ne fouffre point : n'y auroit-t-il pas de la barbarie à l'expofer à une vie malheureuſe, & au tourment cruel que pourroit lui cauſer notre amour ?

DEUCALION.

Nous ne pouvons penetrer dans les decrets des Dieux.

(Il lit.)

» Cette Statue s'animera, & malheur à l'un & » à l'autre s'ils ne vouloient pas l'animer » Ah! quand je devrois me donner un Rival, duſſiez vous me ſacrifier à lui, & du comble de la félicité me précipiter dans le plus affreux déſeſpoir, l'idée du moindre malheur qui pourroit vous arriver, m'éffraye trop, pour que je balance un inſtant à l'animer.

PIRRHA.

Je vois que vos jours ſont menacés comme les miens... Deucalion... Sera-ce une fille ? Sera-ce un garçon ?

DEUCALION.

Décidez.

PIRRHA.

Je ne déciderai point.

DEUCALION.

Ni moi.

PIRRHA,

Je ſuis dans un trouble....

DEUCALION.

Je ne puis vous exprimer mon agitation !

PIRRHA.

Nous étions fi bien feuls ! pourquoi les Dieux...

DEUCALION.

Abandonnons nous à leurs décrets, & par une entiere obéiffance, tâchons de nous les rendre favorables.

Ils approchent de la Statue tenant la guirlande, & fe regardant triftement.

PIRRHA.

Deucalion !

DEUCALION.

Pirrha ! elle ne devra la vie qu'à notre tendreffe : fi je ne tremblois pas pour vos jours : fi vous ne craigniez pas pour les miens....

PIRRHA.

Pofons la guirlande, & fuyons fi vite & fi loin, qu'elle ne puiffe nous voir, ni jamais nous trouver.

Ils pofent la guirlande, & l'Amour qui paroît à la place de la Statue, en les prenant tous les deux par la main, les arréte.

SCENE SEPTIEME.

L'AMOUR, DEUCALION, PIRRHA.

L'AMOUR.

JE vous retiens, & ne veux plus vous quitter.

PIRRHA & DEUCALION *ensemble.*

O Ciel! c'est l'Amour!

L'AMOUR.

Lui même. Dès que vous vous êtes vus, n'avez vous pas dû penser que je ne tarderois pas à venir vous tenir compagnie.

DEUCALION.

Dieu puissant!

PIRRHA.

Dieu charmant!

L'AMOUR.

Je m'ennuyois beaucoup d'être oisif, & je me suis diverti à lancer tous mes traits sur vos cœurs.

DEUCALION.

'Amour, s'il t'en reste encore, épuise-les sur le mien.

L'AMOUR.

Oh ! je ne saurois te rendre plus amoureux, ni Pirrha plus belle. Jeux & Ris qui renaiffez avec mon Empire, par vos danfes & vos chants célebrés ce grand jour.

Les Jeux & les Ris fe déguifent fous différens per-fonnages, & forment le divertiffement.

FIN.

DIVERTISSEMENT.

L'AMOUR *chante.*

DEux Mortels échapés aux plus terribles coups,
Du monde submergé, restes insociables,
   Alloient, par leurs haines coupables,
Eternifer l'arrêt du celeste courroux.
    A des traits plus aimables
    Leurs cœurs se font ouverts:
    Amans inséparables,
    Repeuplez l'Univers.
   De mes bienfaits inépuisables,
   Mortels heureux, enyvrez-vous.
   Destins cruels, Destins inexorables:
   L'Amour est plus puissant que vous.

Jeux & Ris, partagez l'honneur de ma victoire,
Par de briilans Concerts animez leurs desirs,
    En augmentant leurs plaisirs
    Vous ajoûtez à ma gloire.

COUPLETS.

L'AMOUR.

AMans, cessez des plaintes vaines
Sans l'Amour vous ne feriez rien:
Malgré tout le poids de mes chaînes,
Comptez vos plaisirs & vos peines:
Je fais moins de mal que de bien.

AUTRE.

Contre moi tout le monde crie :
De mes bienfaits on ne dit rien :
C'eft pourtant moi qui vous allie,
C'eft moi qui vous donne la vie,
Je fais moins de mal que de bien.

PIRRHA *à l'Amour.*

Je cherchois mon bonheur fuprême,
Et j'en ignorois le moyen :
Mais j'ai trouvé tout, puifque j'aime :
Si mon Amant penfe de même,
Amour, tu ne fais que du bien.

DEUCALION *à l'Amour.*

Victime d'une erreur groffiere,
Grand Dieu ! je fuyois ton lien :
Mais enfin ton flambeau m'éclaire :
Pour qui fent une ardeur fincere
L'Amour eft le fouverain bien.

UNE DES GRACES.

Contre l'Amour maman dit rage,
Pour moi je n'en dis encor rien :
Mais fi jamais je fuis en âge,
Alors je verrai par l'ufage,
S'il fait moins de mal que de bien.

L'AMOUR *au Parterre.*

Vous, mes fujets de préférence,
Dont je fuis l'ame & le foutien,
Inftruits pour votre expérience,
Convenez que furtout en France
Je fais moins de mal que de bien.